会津の
わらべうた

- わらべうたを子ども達へ -

目黒 稚子・髙橋 富子

歴史春秋社

はじめに

こんにちは！

私は福島県の小学校で、「音楽で子ども達が幸せに」と願い、地元のわらべうたを大切にしながら音楽教育を始め、それぞれの地域の伝統や文化に親しみながら世界のさまざまな音楽を楽しめるように研究を続けてきました。

この本を手にしていただけたということは、少なからずわらべうたに興味をお持ちのことと思います。現代では、わらべうたは音楽の教科書にも取り入れられ、日本の伝統音楽を学ぶことも大事にされるようになってきています。皆さんの中には、わらべうたを学ぼうと楽譜や教本をいろいろとご覧になられた方もいらっしゃるかもしれません。

しかし今よりも少し昔、皆さんのおばあさん、おじいさんの子どもの頃には、わらべうたは身近な生活の中で普通に歌われるものであり、「楽譜」で勉強するようなものではありませんでした。日本の各地にはそれぞれの地域に根ざした異なる豊かなわらべうたがあり、それらはその土地の言葉や自然を元に、子ども達が想像力豊かに遊び歌い繋いできたものでした。地域の言葉や自然・生活・年中行事・風習などが、その地域のわらべうたを生み育ててきたのです。

ところが、時代が下って生活が現代的になり子ども達の遊びが変わってきたことに伴って、わらべうたが歌われることは少なくなってしまいました。この本をお読みになっている皆さんの中にも、子どもの頃に実際にわらべうたで遊んだ記憶がほとんどないという方もいらっしゃるかもしれません。

　子ども達が歌い継いできたわらべうたが忘れられ、失われてしまうなんてもったいない、豊かなわらべうたを現代の子ども達に残してあげたい、という思いでこの本を作りました。
　この本では、私が住んでいる福島県会津坂下町のわらべうたの伝承者である髙橋富子さんのわらべうたを中心に載せています。また、富子さんの子どもの頃のお話も掲載いたしました。一緒に富子さんの昔話に耳を傾けてみましょう。会津の厳しくも豊かな自然の中で遊ぶ子ども達の情景が鮮やかに目に浮かんでくることでしょう。富子さんのお話を聞いていると、皆さんが子どもの頃に歌った歌を思い出すこともあるかもしれません。皆さんの心の原風景の中にある大事なわらべうたを見つめ直すきっかけになって欲しいと願っています。

　先ほど、わらべうたは少なくなってしまった、と述べましたが、実際のところ全くなくなってしまったわけではありません。現代の子ども達の間でもわらべうたは変化し、生き続けています。子ども達の創造力によって、わらべうたも新しく生まれ変わっているので

す。さらに、「今、新しいわらべうたが生まれた！」という瞬間にも出会ってきました。

　ぜひ、ご家庭や幼稚園、学校など身近な地域の子ども達の歌い方や遊び方に目や耳を傾けてみてください。わらべうたは意外と私たちの近くに残っていることに気がつくでしょう。私達が若き歌い手達から逆に学ぶこともたくさんあるでしょう。そうして学んだ遊びやわらべうたを、次世代の子ども達へ伝えていただければうれしいです。

目黒　稚子

も く じ

1．わらべうたの力

　子ども達は、わらべうたで遊び歌いながら育ってきました。赤ちゃんの時には家族からたっぷりの愛情をもらい、少し大きくなると友達と関わり、自然の草花や昆虫や鳥、風などと関わりながらその中で、安心感を育みつつ、心も体も育ってきました。

　その育ちの中に、たくさんのわらべうたがありました。現代では、なかなかわらべうたで遊ぶ子ども達が少なくなったように思えますが、まだまだわらべうたは生きている！と思うことがあります。

（1）生きているわらべうた

　　子ども達は、じゃんけんが大好きです。鬼ごっこやかくれんぼを
する時の鬼決めをする時にもじゃんけんをします。じゃんけんの種
類もたくさんあり、変化してきています。
　　また、じゃんけん以外にも鬼決めの時もいろいろな歌があります。
「おにきめ　おにきめ　きみがおにだよ」
「おにきめ　おにきめ　きみはおにじゃないよ」
など、どんどん工夫して遊んでいます。

　　『どれにしようかな』は、本当にさまざまな歌い方があります。
　　2021（令和３）年に小学３年生23人が歌った『どれにしようかな』
の楽譜を次に載せます。

どれにしようかな（基本）　　　本書P68

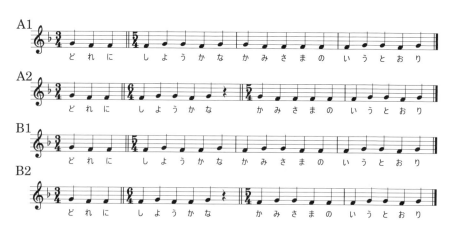

どれにしようかな（続き）

最初の部分だけで４種類あります。この部分だけで終わる子ども
は１人で、残りの22人は続きも歌い、９種類の歌がありました。皆
さんが歌ったことがある歌はありますか？全く違う歌詞の方も多い
と思います。

　同じわらべうたでも、地域や世代による違いだけではなく、同じ
クラスの子ども達でもこのように違ってくることがとても面白いと
思います。物決めの歌ですから、自分が選びたい物に当たるまで、
即興で歌い変える場合もあるようです。子ども達は遊びながらどん
どん新しいわらべうたを創っていっていることがわかります。

　また、「せっせっせ」で始まるお手合わせのわらべうたも、いろ
いろなバージョンがあります。私が子どもの頃は、「お寺の和尚さ
んがかぼちゃの種を蒔きました。芽が出てふくらんで花が咲いて
じゃんけんぽん」でしたが、その後、「……花が咲いて枯れちゃっ
て、忍法使って空飛んで、東京タワー（スカイツリー）にぶつかっ
て……」などと、どんどん変化していっています（本書P57-58）。子
ども達の創造力をみる思いです。

（2）安心感を育むわらべうた

　赤ちゃんに「いないいないばあ」と言ってあやしたり、子どもが
転んで怪我をしたり、お腹が痛かったりした時に痛い所をさすって
「痛いの痛いのとんでけ」などと自然に歌のように言うことがあり
ます。これもわらべうたです。名前を呼ぶ時にもメロディがつくこ
ともあります。

　そんな時、とても温かいまなざしで見つめながら歌っていると思
います。その温かなまなざしと歌声が、安心感を育みます。大人も、
一緒に遊び、歌い、笑う中で、自分自身も癒やされ、子どもの笑顔
に癒やされていきます。子ども達は無意識にそのことを感じ、よい
関係が育まれます。

　こうして、人に対しても自分に対しても温かいまなざしをむけて
いくことで安心感がどんどん育まれていきます。

　また、大人になってもわらべうたを歌うことで、自分の安心感を
育てることができます。

　皆さんは、子どもの頃を思い出す時、どんなことがきっかけにな
りますか？

　私自身は、春の初めの土の香りがすると小学校低学年の頃を思い
出します。河原の石は、母と石探しをした頃。夕焼けは、１年生の
時の母との日記。あまり自然の中で遊ばなかった私でも、いろいろ
あったなあと思います。私自身はあまりわらべうたで遊ばなかった

なあと思っていましたが、同じ地域の同じ年代の友人と話している
と、「ああ、それ私も知ってる！」という風にわらべうたに再会す
ることがあります。そうすると、子どもの頃の自分が遊んでいた頃
を思い出します。その時の周りの様子、匂いまで思い出すこともあ
ります。

　そして、そういう新しい思い出は大人になった自分の宝物になり
ました。安心して遊んでいた子どもの頃の思い出は、自分の安心感
を大きくしてくれました。

　子ども達とわらべうたで遊ぶ中で自分の中にも子どもの自分がよ
みがえってきて、自分をも育ててくれているという感覚になること
もあります。

　子ども達の原風景の中に安心のわらべうたを渡していきたいで
す。わらべうたを一緒に楽しむ中で、大人も子どもも安心感を育て
ることができます。

（3）集団作りとわらべうた

　集団の中で遊ぶことで、コミュニケーション能力が育まれ、自分はこの集団の中にいてもいいんだな、という安心感が生まれてきます。遊ぶ中で、順番を待つことや、負ける体験を通して我慢する心も育みます。

　私が初めてクラス担任になったのは、小学校３年生のクラスでした。クラス替えがないまま担任だけが変わりましたので、子ども達の人間関係は固定されている状態でした。そんな中、どんどんいろいろなわらべうたで遊んでいきました。初めは、今までの人間関係の中でなかなか混ざらない子ども達もいましたが、遊んでいる内に、誰ちゃんはいやだなどと言っているとつまらないことがわかり、いつの間にか、誰でも手を繋いで遊べるクラスになっていきました。

　わらべうた遊びは、人間関係をよりよくし、子ども達を育ててくれます。わらべうた遊びの中で、自分の気持ちを伝えたり、友達の気持ちを理解したりする力も育ててくれます。

　教師になってまだ間もなかった私は、わらべうたからたくさんのことを教えてもらい、わらべうたに助けられてきました。

（4）文化資産としてのわらべうた

　わらべうたは、歌だけで存在するものは少ないと思います。歌ってあげる相手（赤ちゃんや子ども、鳥や虫、空など）がいる場合が多いです。その時の生活や、社会状況、自然のあり方などにも関わってきます。

　わらべうたは、子ども達が遊びなどの中で伝承してきたものですが、大人の行事や神事を真似て子ども達の遊びに取り入れているものもあります。

　「NPO民俗芸能を継承するふくしまの会」の代表の懸田弘訓氏は、「わらべ歌も民謡も、さかのぼれば祖先が生きるために、ひたすら神仏に祈った信仰儀礼が姿を変えて今日に伝えられたもので、まさに生きた文化財であり、有形の文化財と同様に祖先から受け継いできた宝である」と述べています。

　子ども達が、生活の中の出来事や大人の行事などを一緒に体験したり、垣間見たりする中で、自然に真似をし、工夫しながら遊びに取り入れ伝承されてきたものもあり、わらべうたから昔の生活のあり方などを紐解くことができます。信仰儀礼などとの結びつきを捉えた「生きた文化財」としての価値もわらべうたの重要な側面です。

　わらべうたから昔の生活を垣間見ることができる例を『べろべろかべろ』（本書P75）で見てみたいと思います。

　会津坂下町に伝わるこの遊びは、稲穂の先を少しぬらして結び、

鉤(かぎ)の形にして、両手の平に挟んでくるくる回し、歌の最後に穂先が向いた人がおならをした人、として遊びます。遊びの始めの鬼決めなどに使うこともあるそうです。昔は、農業がほとんどの子ども達の生活と結びついていたため、稲穂を用いました。最近では稲穂が身近にないため、曲がるストローを使ったり、給食のストローの袋を少し出して曲げたりして、子ども達は自分達で工夫して遊んでいます。

　柳田國男によると、「長野県の北部などでは、正月の三日をベロベロの歳取りと称して、小枝でそういう鉤をこしらえて三方折敷(おしき)に載せて神棚に上げておく家」もあったそうです。また、「奥州の田舎では以前まだ定まった墓地がない時代に、葬式当日に行列の先に立つ者が、このベロベロを廻して送るべき方角を決めたという話」もあります。

　このように、もともとは、神聖な気持ちで鉤を回して占いをしていましたが、のちに大人は酒宴の席で、一人に目隠しをして盃を持たせ、飲み足りなさそうな人を当てるようなこともするようになり、それを子どもはおならをした犯人をみつける遊びに用いるようになったと考えられているそうです。

　全国にこれに類似した遊びが伝承されていますが、枝を用いる場合が多いようです。福島県内でも、枝を用いている地区があります。

（5）地域のわらべうた

　では、わらべうたなら何でもいいのでしょうか。私は、地元地域のわらべうたを大事にしたいと思っています。

　赤ちゃんがお腹の中にいる時に一番聴いていたのは、お母さんの声です。赤ちゃんに優しく語りかける時、話し声がそのままふしになり、それがわらべうたとなります。「〇〇ちゃん」「いい子だねえ」「れろれろれろ」「いないいないばあ」など昔から赤ちゃんに語りかけてきた言葉があります。生まれてからは、その地域の環境の中で言葉を聞きます。地域にはその土地のイントネーションや文化があり、その文化の中のわらべうたで始めるのがいいと思います。

　西洋音楽の音階でできている音楽にあふれている現代社会の中で育ってきている子ども達にも、まだまだ日本の音階の音感がしっかり残っています。

　「〇〇ちゃん」「はあい」などと呼び合う時、「はあい」は、隣り合った長２度（相対音程でレド）で歌い返します。そして、２つの音で歌う場合、高い方の音で終止します。

例）

しかし、「○○ちゃん」の歌い方は地域によってさまざまです。

例）

　地域によってメロディーが違っている例を『ひらいたひらいた』で見てみましょう。

楽譜A

ひらいたひらいた

（大原啓司氏の楽譜を基に作成）

『ひらいたひらいた』は、小学校１年生の音楽科の共通教材で、楽譜も教科書に載っています。

　しかし、元小学校音楽教諭、現地球音楽庵庵主、姫路市在住の大原啓司氏によると、楽譜Aのように、関西地方と関東地方では歌い方が違います。

　また、会津坂下町の髙橋さんは、どちらとも違って歌っています（本書P72）。このように、地域で歌い方が違ってくるのがわらべうたの特徴の一つでもあります。

地域や世代によって変わってくるわらべうたや行事歌を会津地域の中で見てみましょう。

①『だせだせ』（じゃんけん遊び）　　　　　本書P64

　子ども達が大好きな遊びの一つにだせだせ遊びがあります。足じゃんけんで、同じものを出すと負けです。１人対１人でも楽しめますが、髙橋さんは、次のような王様つぶしで遊んだそうです。
　遊ぶメンバー全員でじゃんけんをして王様と家来を決め、一番負けた人が鬼になります。鬼の呼び方はいろいろでした。どんどん勝ち進み、王様に勝つと、王様になれます。負けた王様は、鬼になります。王様が２〜３回続けて勝つと、お妃様を決めます。家来は王様の後ろに一列に並び、王様は目をつぶって、「前から○番目の人」などと言ってお妃様を決めます。お妃様は王様を守る役目なので、足じゃんけんで鬼に勝っても王様に挑戦はしません。王様が負けると王様は鬼になり、お妃様は家来の一番最後につきます。このような王様つぶしの遊びは私も子どもの頃にやっていました。しかし、歌は歌わず、手でじゃんけんをしたり、手ぬぐい取りなどでやったりしていました。

この遊びが、年代によって歌が少し変わっていく様子を次に示します。

楽譜A

だせだせ

楽譜B

だせだせだせグンの

髙橋富子さんが子どもの頃は、楽譜Aです。髙橋さんの姪御さん
やお子さんの時代になると楽譜Bになりました。テンポもとても速
くなっていきました。現代の子ども達に髙橋さんの子どもの頃の歌
を伝えると、子ども達は遊んでいる内に、テンポがどんどん速くなっ
て夢中で遊んでいる様子がみられました。

３時のおやつは

　じゃんけん遊びではありませんが、同じものを出すと負けるとい
う遊びは、『３時のおやつは』（ソフトクリーム・チーズケーキ・シュー
クリームのジェスチャー）など、今でも子ども達の間で遊ばれてい
ます。

②鳥追い（年中行事）

本書P66-67

　会津坂下町では、１月15日の夜に子ども達が、田畑を鳥の被害から守ることを願って地区の中を歌いながら歩きました。

　以下は同じ会津坂下町の和泉地区と青木地区の鳥追いの歌です。

鳥追い（会津坂下町和泉）

鳥追い（会津坂下町青木）

このように、とても言葉は似ていますが、メロディーが違います。和泉地区では雪道を歩きながら歌い、青木地区では雪ベラを叩きながら歌いました。このような動作の違いが歌の違いにも表れていると考えられます。

③虫送り（年中行事）

本書P77-78

　7月中旬、豊作を祈って、子ども達が行う行事です。同じ会津の中でも地域によって、いろいろな歌があり、道具も違っています。

虫送り（会津坂下町〈1955年頃〉）

い　ね　の　む　し　ー　お　く　れ　よ

　会津坂下町の髙橋さんが子どもの頃は、七夕かざりのような折紙などで作った飾りを束ねたわらに挿し、神輿のような形にしました。短冊には、稲の虫、かぼちゃの虫、なすの虫、などの農作物に付いて欲しくない虫を書きました。そのほか、泣き虫、おこりんぼ虫など、自分の追い出したい虫も書いたそうです。

　地区の年長の子どもが飾りのついた神輿を担ぎながら先頭を歩き、他の子ども達はその後ろに繋がって歩きました。

　「稲の虫」の歌詞は、即興で替え歌にして歌いました。最初に先頭の子どもが歌い、後ろの小さい子ども達が復唱して歌ったそうです。

虫送り（会津美里町高田地区下町）

　会津美里町高田地区下町では、毎年７月19日に、デコ様という麦わら人形を一人１つ作り、稲の虫の他、自分の追い出したい虫などを習字で書きました。麦わらは、家々で育てていたそうです。そのデコ様に、田畑の本物の虫も新聞紙にくるんで持たせ、それを持って地区を歩き、豊作を祈りました。

　歌詞は、即興でいろいろ変えて歌いました。河原まで歩き、川に流して天に送ったそうです。この行事が終わると、川遊びが解禁になったそうです。

　また、同じ高田地区でも、行事の前に、子ども達が、納豆のわらを家々から集め、みんなで一つの大きなデコ様を作って先頭の子どもが持って歩いたという地区もありました。

会津美里町では、今でも虫送りが行われている地区があります。『高橋の虫送り』と『西勝の虫送り』です。

高橋の虫送り（会津美里町）

い　ね　の　む　し　も　た　ば　こ　の　む　し　も　お　くん　　ぞ

西勝の虫送り（会津美里町）

い　　ね　　の　　む　　し　　お　　く　　れ　　よ
たば　　こ　　　　　む　　　　　　お　　　　　　　　　　　（ワー）

　高橋の虫送りは、尾岐窪地区と 冑 地区がそれぞれ違った虫かごを作り、宮川にかけられている高橋という橋に集合して虫送りが行われます。50年くらい前まではそれぞれの地区でやっていたそうですが、ダムができたことで、合同で行われるようになったそうです。

　2023（令和5）年に宮川小学校の4年生が事前のかご作りなどとともに虫送りの当日も一緒に体験させていただき、貴重な学習をすることができました。

　また、同じ宮川小学校の学区にある西勝地区でも、虫送りが伝承されています。歌は、高田下町の虫送りにとてもよく似ていますが、

持ち物が全く違います。

　同じく宮川小学校の学区の永井野地区、東尾岐地区でも、かつて虫送りが行われていたことがわかりました（P28-29参照）。

　それぞれ、持ち物が違い、歌も楽器も違い、とても興味深いです。それぞれの地域で歌も道具も楽器も異なりますが、豊作を祈る気持ちは同じです。人間にとっては田畑の害虫となる虫を駆除するという考えではなく、天に送って供養するという昔からの人々の思いは、今の子ども達にとって貴重な学びとなります。

　虫送りをきっかけに、自分の住んでいる地域の年中行事を学習していくことで、昔からの自然への思い、人々の繋がり、暮らしの工夫など、地域のよさを学んでいく貴重な体験となりました。

　また会津若松市北会津地区の虫送りでは、タチアオイの花を持って田畑の周りを歩いていた頃もあったそうです。

　同じ会津地域の同じ虫送りという行事でも、さまざまな歌や、道具の違いなどを体験し味わえることはとても楽しい学びです。

　そして、人々の共通している願いに思いを馳せながら、「違っていてもみんなそれぞれいいなあ」という気持ちを子ども達に渡していきたいと願っています。

　虫送りのフィールドワークでは、たくさんの方々にお世話になりました。

　これからもフィールドワークを続けていきますので、いろいろな情報をいただけるとありがたいです。

会津美里町の虫送り （2023 年までにフィールドワークしたもの）

● 現在も伝承されている地区
● かつて伝承されていたことが確認できた地区

永井野下町の虫送り
（福島県立博物館所蔵）

高橋の虫送り（冑地区）

高橋の虫送り（尾岐窪地区）

八木沢

福泉寺

赤留

北松沢　　　中道

永井野

南松沢
　　荻窪
　　　　　　　　向川原
　　杉屋　　　松岸川原
　　　　　　　　　　　上
　　　　　　　　　　岩沢
　小山
　　　仁王　高橋
　元冑
　中冑　　尾岐窪
　上冑

尾岐　藤江

　　森越　　　関根

　　　　　　　遅沢

地図：『知ってる？会津美里の歴史』【発行者】福島県大沼郡会津美里町教育委員会

高田下町の虫送り

西勝の虫送り
（NPO法人民俗芸能を継承する
ふくしまの会 山﨑純子氏撮影）

東尾岐の虫送り
（『会津高田町立東尾岐小学校
閉校記念誌』掲載）

2. 髙橋富子さんの子どもの頃のお話
（会津坂下町のわらべうた伝承者）

　わらべうたは、歌そのものだけで手渡すものではなく、遊びを伴う体験そのものとして伝承されてきました。拍を共有したり、ふれあったりする中で身体感覚を共有しながら、心の動きとともに伝承されてきました。

　また、わらべうたの中の即興性は、創造力を育み、言語能力も育てます。

　そして、季節や地域の行事、虫や草花といった自然の中で、子ども達はわらべうたを伝承してきました。

　このような文化の広がりの中で、わらべうたを楽しみながら心や体、そして脳を育んできました。

　今回、会津坂下町のわらべうたを本にするにあたり、髙橋富子さんが子どもの頃の遊びの文化を文章にしてくださいました。わらべうたがどのような生活の中で遊ばれてきたのか、その頃の子ども達がどんな地域文化を育んでいたのかなども書いてくださいました。

　わらべうたを歌や遊びだけでなく、なるべく文化をまるごとお伝えできるようにと考え、掲載しました。

子どもの頃の遊びや生活

　1945（昭和20）年終戦の年に、会津坂下町の田舎に私は生まれ、それから20年余りをそこで暮らしました。終戦後の物資のない頃で、子ども達は大きい子も小さい子も村のお寺の広場や神社の広場などで群れて暗くなるまで遊んでいました。その頃は子ども達がたくさんいたので子ども達が遊んでいた広場は草など生えていませんでした。その中で遊びのルールを学んだり優しさや労わりを学んだりできたように思います。最近は子ども達が外で遊んでいる姿をあまり見かけなくなり、寂しい限りです。

　今、記しておかなければ記憶が定かでなくなり、遠い昔のこととして忘れ去られてしまうため、現在の子ども達にも祖父母や、両親が通ってきた子ども時代を書き残しておくことは意義のあることと思います。季節ごとに忘れかけた記憶をたどって70年前頃にタイムスリップして書き残したいと思います。

春

　寒く厳しい冬を過ごし、暖かい春を待ち焦がれているのは大人も子どもも同じでした。今のような車社会ではなかったので、村の中の道は3月の春休みの頃まで雪が残っていました。ようやく春めいた日にブルドーザーがやってくると子ども達は一斉に外に飛び出し、雪かきをしたブルドーザーのあとを喜んで追いかけていったものでした。雪が削られてつるつるしている所で滑って転んで大騒ぎしたことも喜びの表現でした。

　雪がなくなり子ども達の遊びの世界が始まると、乾いた土の所を見つけ男の子達はたまぶち（ビー玉遊び）や、ぺったぶち（めんこ）に熱中しました。女の子達は縄跳びやゴム跳び遊びなどをしました。遊びは男女に分かれていることが多かったです。男の子は本子といって勝負をかけてやることもあり、上手な子は相手を負かして自分のビー玉やぺった（めんこ）をどんどん増やす子もいたり、負けてべそをかく子もいたり結構勝負の世界を味わっていたようでした。

ビー玉

ぺった（めんこ）

男女が一緒に遊んだのはかくれんぼや大縄跳びなどでした。遊びの始めにはみんな大きな声で「よういはじめのだんごっこ、だんごくってそだった」（本書P81）と歌って始めました。

「おじょうさん、おはいんなさい、はいったらすぐにじゃんけんぽん」や「たわらのねずみがいっぴきはいった、そらにひきはいった、そらさんびきはいった……たわらのねずみがいっぴきにげた、そらにひきにげた、そらさんびきにげた……」など縄跳びを汗をかいて楽しみました。小さい子はアブラムシといって数の内には入らないけれども混ざっていて、うまく仲間に入れて面倒をみてもらっていました。かくれんぼでは着ている上着を仲間同士で取り替えっこして、相手のチームをだまし大笑いしたこともあり、夕方暗くなるまで遊んでいました。

　ゴム跳びも楽しい遊びでした。どんどん高くなるとスカートをパンツのゴムに挟んでうまく跳ぶためにいろいろ工夫して遊びました。男の子達は手製の竹馬を乗りこなして得意げに女の子の遊んでいる所を邪魔するきかんぼうも中にはいました。

　春は野原で遊ぶことに事欠きませんでした。遊びといっても友達とスコップとはけご（わらであんだ入れ物）を持って雪解けの土手や畑に行き、雪の下から友達と競争で黄色のあさつき掘りをしました。家に持ち帰り洗って根っこを取り、晩ごはんのおかずの一品になったため、ほめられて嬉しかったものでした。

　ふきのとうも友達と採りに行きました。てんぷらにして夕飯に出てきましたが、子どもの味覚にはあまり得手ではありませんでした。

天気のいい日は弁当を持って、田んぼの土手でまあるくなってお
しゃべりしたり弁当を食べたりして楽しんだものでした。やや暖か
くなってくると土手に生えているすかなの茎（すかんぽ、またはス
イバ）を採って、たいして洗わないで塩をつけてむしゃむしゃと食
べていました。酸っぱくて結構おいしかったです。葉っぱなどは塩
をつけて手のひらで揉んで食べました。茎とはまたちょっと違った
味を楽しんでいました。

　野原に行く時に持っていく塩入れがありました。胡桃の枝を直径
２センチ、長さ20センチくらいの筒状にした塩入れに塩を入れて２、
３日くらいおくと、塩がピンク色にきれいに染まってその塩をすか
なにつけて食べていました。ピンクに色が付くのを不思議に思って
いました。この筒をうまく作るのは大きい男の子達でした。材料を
調達する時、胡桃の枝と漆の枝を間違えて取ってきて漆にかぶれて
大変な目にあった子もいました。

　また、同じ頃ドンガラ（イタドリ）を採って食べていました。太
目のものを選んでポンと音がしたら食べられると教えられ、よく選
んで採りました。下の太いほう
から皮をむいて塩をつけて食べ
ましたが、酸っぱい味がしてあ
まりおいしいものではなかった
です。

　また春といえば、楽しみの一
つに春祭りがありました。祭り

塩入れ（もりの案内人会津支部　渡部正幸氏作）

といっても神輿が出たりお神楽が舞ったりするような祭りでなく、静かなもので家々でご馳走を作って食べるというものでした。

　祭りの日は鎮守様にのぼりが立ち、学校から早く帰りたくてうきうきしたものでした。その日は、近郷の親戚の人や父の知人などが呼ばれてきて座敷で祝宴を開いていました。

　朝から大忙しだった母にせがんで着物を着せてもらうのも何より楽しみでした。着物を着せてもらってご飯のお給仕をしたりおかずを運んだりしてお駄賃をもらうのも楽しみでした。

　その席で宴もたけなわになってくると誰からともなく得意な歌が飛び出しました。主に『佐渡おけさ』『真室川音頭』『炭坑節』『会津磐梯山』『斎太郎節』などの民謡が多く、一人が歌い終わると「お次の番だよ」と促し、次の人も得意の歌を披露していました。それを聴いて流行の民謡を覚えました。

　その頃は、別の村や町でお祭りがあると呼んだり呼ばれたりする習慣がありましたが、生活改善運動ということによりそのようなことがなくなっていきました。お祭りの日には親戚のおばさんやおじさん達に会えるのも楽しみでしたが、寂しくなってしまいました。

　また、楽しみだったことの一つには、山遊びといってわらび採りに仲間同士で弁当を持って出かけたことでした。大人顔負けに上手に採る子もいましたが、何よりも野山の空気を一杯に吸い込んで健康的でした。山桜の花が終わるとさくらんぼが黒く色付き、小さいけれど甘くておいしかったです。口の周りを真っ黒にしてお互いの顔を見ては大笑いをしたことを思い出します。遊びながら山の物を

採ったり食べたりして楽しんでいました。

　他にも、クローバーの花を摘んで長い縄に編む競争をして遊んだこともありました。たんぽぽの花を摘んで指で花を弾いてどこまで飛ばせるか競争したり、綿毛をどこまで飛ばせるか息を吹きかける競争もしました。

　田んぼに生えているスズメノテッポウという草を取って穂を引き抜いて、口でくわえて勢いよく息を吹き込むとピーピーと音を出して遊びました。ノカンゾウの葉っぱを取って両手で持ち、人差し指を挟んで息をいきおいよく吸い込むとパッパッパと音がする遊びも楽しいものでした。ピーピー草とも言いました。

　雨が降った日には、お宮の中で「いちでらっこちゃん、らっきょくってしゅっしゅっ……」「いちもんめ、いっちょ、にもんめ、いっちょにちょ、さんもんめ……」などのまりつきをしたり、かごめかごめ、はないちもんめ、いろはにこんぺいとうなどの歌を歌ったり、馬乗りなどをして遊びました。

夏

　五月の節句を迎え菖蒲湯の頃（旧暦では6月）になると、子ども達は村の菖蒲のある家に行って「しょうぶ、くっちくなんしょ（しょうぶ、ください）」と言って菖蒲をもらいヨモギも一緒に調達してきました。家の人に菖蒲とヨモギを束ねて風呂に入れるものと軒先に挿すものを作ってもらいました。家の人は、はしごをかけて軒に菖蒲とヨモギの束を2、3個挿しました。残りはその日の風呂に入れて家族で菖蒲の香りを楽しみました。

　また、夏を迎える頃になると農作物がだんだん実り、許される範囲でトマトやきゅうりなど畑から直接いただいたこともありました。子ども達のおやつといったら、梅の木、グミの木などだいたいの家で植えてあったので順繰りに友達の家を回って木登りをしては食べていました。

　子ども達は家庭ではそれなりに自分の仕事を受け持ち、朝起きると自分の受け持ちの所の掃除を済ませてから朝ごはんを食べ学校に出かけました。普段自分達の出入口をほうきで掃き掃除することをとんぼ掃きと呼んでいました。私の分担は、そのとんぼ掃きでした。ごみを掃き取り家族の履物をきちんとそろえるとすっきりしたものでした。姉達は部屋の掃き掃除をして板の間の拭き掃除をしていました。学校から帰ると親の働いている畑や田んぼに行って何がしかの手伝いをしたものでした。家によっては子どもの力も大切な労働力になっていました。夕方になると親達が農作業から上がってくる

までに風呂焚きや夕飯の支度を分担して行っていました。

　田植えの頃になると、子ども達も家の手伝いをするために学校が休みになりました。家では待ち構えていたようにいろいろな仕事が待っていました。大人に混ざって苗代で苗採りや、田植えをする所に苗を運び、田んぼに苗を勢いよく投げることは子どもにも任せられた仕事でした。大人に混ざって田植えをもしました。機械化がまだまだ進んでいなかったので、田植えは近所の人達が「結い」といって大勢集まり、労働力をお互いに交換し合って農作業を進めていました。

　大抵の家では農作業のために馬を飼っており、田んぼの代かきには馬を使って田植えの準備をしました。馬の鼻の脇に長いさおをつけてその端を子どもがうまく操って田んぼの中を歩かせる仕事を鼻どりといいました。子どもがやりたい仕事の一つで、主に男の子が中学生ぐらいになると馬に泥んこをかけられても得意になってやっていたものでした。大人の人が馬の後ろに馬鍬をつけて田んぼの中を歩かせました。田植えができるように土をやわらかくする大事な仕事でした。

　田植えの場所に小昼といっておやつやおにぎりなどを運んでいくのも子ども達の仕事でした。昼のご飯は家々で違うが、ぜんまいの煮つけが出たり、ニシンの漬物やたけのこの煮物や混ぜご飯が出たりたくさんのご馳走がテーブル一杯に並べられ、子ども心に嬉しい時間でした。

　農繁期の頃、母の実家が忙しいため子守の手伝いに行っていました。その時に教えてもらった「もぐらうち」(本書P79) という行事

がありました。菖蒲とヨモギを棒の先に結んで、家の周りにモグラが出てきて土を盛り上げたり気持ちの悪い蛇などが出てこないようにと「もぐらもぢもんなよ、ながむしでんなよ」と歌いながら軒下をたたいてまわりました。モグラと蛇が出てこないようにとのおまじないを主に子どもがその任を受け持っていました。

　田植えが終わり苗が大きくなると田の草取りが始まります。腰をかがめて稲のそばに生えている雑草を手で取り除く作業はちょっと手伝っただけでもなかなか辛いものでした。稲の葉先で目をつつかないように金網でできたお面のようなものをかぶって作業をしていました。また、コロバシという歯車が付いている道具を使って稲と稲の間をゴロゴロ、ゴロゴロと転がして除草し、稲に酸素を行き渡らせる仕事があり、子ども達はよくやらされました。早く終わりたいものだから一列おきに要領よくやったものでした。この仕事は田んぼを行ったり来たりと何往復もするので簡単に見えてなかなか疲れるものでした。

　川遊びが始まる頃、「虫送り」の行事がありました（本書P77）。田畑の農作物を荒らす虫の害から作物を守ろうとする楽しい行事でした。その準備として子ども達は七夕飾りのようなものを作って短冊に、稲の虫、たばこの虫、トマトの虫というように退治したい作物の虫の名前を書いてみんなで持ち寄りました。上級生達が作った神輿のような物に飾って「いねのむしおくれよ、たばこのむしもおくれよ、なすのむしおくれよ……」とリーダーの歌った歌を復唱しながら川まで運び上級生達が火をつけて川の真ん中まで運んで流し

ました。この虫送りが終わると川遊びができるといって喜んだもの
でした。現在はダムができて川に物を流すことや川遊びも禁止され、
行事を指揮する子ども達も少なくなり、子ども達が楽しみにしてい
た行事はなくなってしまいました。

　軒下であり地獄の穴を見つけると「かいこさん、かいこさん、で
ておいで、おちゃのませっからでておいで」と歌いながら指で穴を
ほじって中にいたウスバカゲロウの幼虫を捕まえて遊びました（本
書P59）。幼虫が後ずさりをする動きが面白かったです。その虫をウ
スバカゲロウの幼虫と知ったのは、大人になってからでした。

　夏休みはセミ取り、キリギリス取り（スルメを結んだ糸を垂らし
て取りました）、カブトムシ取り、トンボ取りと野山をかけまわっ
て遊んでいました。主に虫取り遊びは男の子に多かったです。ホタ
ルが飛び始めると連れ立ってホタル取りに出かけたり、自然の中で
遊んだりしたことが楽しい思い出として残っています。

　夏の草花遊びでは、「とっと花」（タチアオイ）の花びらを鼻につ
けてにわとりのとさかのようにして遊びました。オオバコの茎を
取って、二人で茎をギッコバッコギッコバッコとこすりながら相手
の茎をきり取る遊びを本気でやっていたことも楽しかったです（本
書P62）。オオバコの葉を二人でひっぱりっこして筋の多かったほう
が勝ちという遊びもしました。つつじの花を摘んでナンテンの葉っ
ぱの軸に競争してたくさん通す遊びもしました。子ども達は自然の
物を使って遊ぶ天才でした。

　軒下にござやむしろを敷き、草花を積んでままごとに興じること

もありました。

　盛夏の頃にはアイス売りのおじさんが、カランカランと鐘を鳴らして自転車でアイスキャンデーを売りに来たものでした。鐘の音が聞こえると遊びを半端にして家に帰ってアイスを買ってもらいました。1本5円のアイスがのどを潤し、何よりおいしく嬉しかったです。

　また村の中には、お菓子や食品を売る店が2軒ほどありました。子どもの遊び物のぺった（めんこ）や、ビー玉などを置いていました。店に入る時「やってくんつぇ」と声を掛けて店に入りました。

　ところてんの時期になると店先で腰を下ろして、店のばあさんが用意してくれたところてんに杉の葉っぱを挿したビンから酢醤油をかけて、箸一本で食べました。ところてんはどうして箸一本で食べるのか不思議でした。

　店には女の子の大好きなリリアンというのも売っていて、上級生から編み方を教えてもらって虹色に仕上がっていく紐作りに熱中して遊びました。

秋

　秋は野山の木の実が実ると、連れ立って山遊びと称して出かけました。栗、アケビ、山ぶどう、野いちごなどを採って食べました。拾った栗などはその場で鬼皮をむき渋皮は歯でむいてコリコリと音を立てて食べました。なんとも逞しい子ども達でした。生栗を食べると屁八十出るとか言って驚かされたものでした。

　野山を歩きながらキキョウ、リンドウ、オミナエシなど咲いている花の名前や植物の名前を教えてもらうことが多かったです。木の種類なども教わりました。漆の木には触るとかぶれるので近づかないようにと教えてもらいました。

　家の周りにあるホオズキが色づいてくると、ホオズキの実を傷つけないようにやさしくやさしく種を抜き、口に含んで「ブー、ブー」と音を出して遊びました。音を出すのもなかなかうまくいかず、上級生はすぐに音が出て、さすがだなあと関心したことを覚えています。この種抜きが上手な人もいて羨ましかったことの一つでした。

　どこの家にも柿の木があり、柿の実が赤く色づいてくると、木に登って木の上で柿をほおばって食べました。甘柿は子ども達の格好のおやつでした。

　秋は収穫の秋といってどこの家でも忙しかったです。大根や白菜の収穫にも借り出され、母が引くリヤカーを畑から兄弟一緒になって押して家まで運んでくるのは毎年のことでした。稲刈りの時も結構田んぼの手伝いをし、刈り取った稲束を一箇所に運んだりしまし

た。私が小さかった頃は脱穀機も機械化されていなかったので、足踏みの脱穀機を使っていました。ガーラン、ガーランという音はなかなか心地よく聞こえたものでした。

　晴れた日には誘い合って、杉っ葉拾いに出かけました。囲炉裏の焚き付けや風呂の焚き付けにするのに重宝がられました。背負ってくる縄と丸ってくる（束ねる）縄を持って近くの杉林へ行きました。子どもの頃から仕事の早い人がいてまるで大人がやるような手さばきで、集めた杉の葉の丸め方（束ね方）などを教えてもらいました。自分の集めた杉の葉を縄一本で、まるで二ノ宮金次郎のようにして背負って家まで帰りましたが、きっちり結んでいないと途中で縄が緩み、ぽろぽろと杉の葉が落ちてしまうこともたびたびありました。

　大人から杉っ葉を拾ってこいと言われたわけでもないですが、山遊びと実益を兼ねた遊びでした。

　年に何回か村に紙芝居のおじさんが自転車でやってきました。カッチカッチと拍子木を叩いて子ども達を集めました。一回5円ほどで見ることができました。おまけに煎餅や水飴、スルメの切った物などがみんなに配られてそれをしゃぶりながら紙芝居を見たことを思い出します。

冬

　寒くなると室内での遊びが多くなり、友達の家をかわりばんこにして遊んでいました。

　あやとり、へいほつき（お手玉）、ぎやま遊び（おはじき）とあまり家の人の邪魔にならないようにして遊びました。遊びのチャンピオンのような人はなんでも上手で、少しでも近づきたいと一人でこっそりお手玉やあやとりの練習をしたものでした。おはじき遊びには座布団の上に一人10個ぐらいずつ出し合い、たくさんのおはじきを手に持ち、一度に手の甲に乗せ自分で取れそうなくらいに息を吹きかけて落とし、さっと手を翻して落とさないようにしてつかむ遊びがありました。自分がつかんだ分のおはじきをもらえることになっていたので本気になって遊びました。また、平らな所に広げてパチンとはじいてその間を周りのおはじきにぶつからないように通し、通した分おはじきがもらえるという遊びもありました。

　私の住んでいた村には鉄道の駅があり、小さな駅でも駅長さん、助役さん、駅員さんと少なくても３人が勤めていて近くには官舎がありました。待合室はいつもきれいに掃除されていてだるまストーブに火が燃やされていました。家にいるよりずっと暖かく格好の遊び場でした。そこ

へいほ（お手玉）

でだせだせ遊びや手ぬぐいとり
遊びなどをすることが多かった
です。お客さんがいる時は遠慮
して行きませんでしたが、誰も
いなくなる時間を見計らって子
ども達が餅などを持って集ま
り、ストーブの上で焼いて食べ

ぎやま（おはじき）

ていました。だるまストーブの筋になっているところに餅をつけて
下に引くと白い煎餅のようになり、それをパリパリ音を立てて食べ
るのも楽しい遊びでした。駅員さんには時々お叱りを受けることも
ありましたが、大半は大目に見てもらっていました。

　冬は農閑期だったので家の中でコタツに入ってお手玉や、あやと
りの相手を家の人にやってもらうことが嬉しかったです。また、コ
タツの中で「からす、からすどこさいぐ、てんねいじのゆさいぐ、
てにもったのなあんだ、あわごめこごめ、おれにちっとくんにぇが、
くれっとへる、へっこんばつぐれ、つぐっとちみで、ちみでごんば
あだれ、あだっとあっちち、あっちちごんばうっちゃがれ……」な
どと掛け合いをしながら歌ったものでした（本書P60）。昔話を聞く
のも嬉しいひとときでした。

　冬は寒さも厳しかったですが、農家の人達は家の中で針仕事や編
み物、わら仕事をしながら過ごしていました。ゆっくり骨休めがで
きる季節でもありました。子ども達は村の中の坂にみんな集まりス
キー遊びやそりすべりをして遊びました。少し大きくなると近くの

山まで行って急な坂を勢いよく競争しながら滑っていました。

　友達みんなで力を合わせて、かまくら作りをして中に入ってお菓子やみかんを食べて遊びました。何日もそこが遊び場所になりました。また、かんたまといって雪だまを固く固く足を使ったり柱に押し当てたりして堅くして、友達のかんたまと戦わせて割れてしまったほうが負けとなる遊びもしました。より堅くするために寒い所において堅さを増すように工夫していた子も多かったです。この遊びは主に男の子に多かったです。

　お正月が近づくと家族みんなですすはらいなどの大掃除をし、山から取ってきた大きな松の木を玄関に飾り門松にしました。正月用の餅つきも臼と杵を使うため、朝から大忙しでした。「歳徳神」といってお正月の神様を迎える神棚を特別に天井から縄をつるして2メートルくらいの板を設えてたくさん重ね餅を飾り、正月が終わるとはずしました。結構な大仕事でした。元旦の朝は『若水くみ』(本書P82)をしました。正月の朝早くきれいな川の水を新しい柄杓とやかんを持って「なにくむ、よねくむ、こがねのひしゃくで、たからくむ」と歌いながら水を汲みました。その水を沸かしてこの一年良いことがあるように、病気にならないようにと願って家族でお茶にして飲みました。その行事も生活様式が変わっていつしか廃れてしまいました。

　お正月は家族でゆっくり過ごすことができ、カルタやトランプで遊びました。また、お年玉をもらうのも楽しみでした。私が子どもの頃は「おとしだま」などとしゃれた言い方でなく、「しょうがつ

こづかい」と言っていました。

　また、楽しい行事の一つに小正月に行われた「だんごさし」がありました。山から大きなだんごの木（ミズキの木）を取ってきてだんごを挿しやすいように枝先の芽の所を取り準備をしました。

　だんごは子ども達の手で不ぞろいではありましたが、食紅などできれいに仕上げ、野菜や動物など思い思いに好きな物を競って作り、大きな木に挿していきました。ミズキの木は倒れないように石臼などに縛って固定し、枝には魚や、巾着、打ち出の小槌の形をした縁起のいい物で作られたきれいな煎餅を飾り付け、豊作や家族の健康を願って楽しく飾り付けました。煎餅はひらひらしてきれいで、部屋中一杯に花が咲いたようになったものでした。二十日の風に当てるなという言い伝えがあり、一月二十日になる前に全部取り外して焼いて食べたことを思い出します。だんごの木もだんだん見つけられなくなり、年を追うごとに一回り二回りと小さくなっていきました。

　正月の終わりには歳の神といって正月の飾り物や門松などを燃やす行事がありました。それぞれの隣組が一緒になって畑の雪の積もった上にわらなどを高く積み上げ、夕方近所の人達がみんなで集まって正月飾りや門松、習字などを燃やしました。燃え方がだんだん弱くなった頃合いを見て長い棒に網をつけて思い思いに準備してきた餅やスルメを焼き始めました。真っ黒にこげたものでもそれを食べると一年中病気にならないといわれて食べたものでした。体の前後ろをよく火に当てて暖まりました。

　ちょうど寒さも一番厳しい頃、旧の正月休みといって一週間くら

い学校が休みになりました。その頃が一番雪も深く、家々では村の本道まで自分の家から歩きやすいように雪を踏み固めて道を作りました。その時使った道具が踏み俵といってわらを俵状に作った物を履いて道を踏み固めました。どこの家にも踏み俵はありました。大人の男の人は両足に履いて一生懸命道をつけていました。中には片足だけでやっている人もいました。学校に行く日が大雪になると大人は分校に行く道をつけてくれました。

　２月の中頃になると、寒い朝は降り積もった雪が堅くなり大人が乗っても沈まないくらいになりました。学校に行く時はみんな喜んで田んぼや畑の所を堅雪渡りといってザックザックと音をたてて歩いて学校に行きました。休みの日に堅雪になると、朝早くに友達と連れ立ってそりをもって山の方の畑に行き、そりすべりを楽しみました。なだらかな坂でもスピードが出てスリルがありました。

四季を通じて子ども達の遊びは自然と一体化していたようで、土でも虫でも花でも何でも子ども達の手にかかれば格好の遊び道具となって、体一杯に使って遊ぶことが多かったです。また、異学年で遊ぶことが多かったため、優しさや厳しさも教わり、子ども同士の繋がりも深かったように思います。野山を駆け回って遊んでいたのは小学生の中学年の頃までで、高学年になると汽車で通学するようになり、自然と遊びからも卒業となっていきました。

　記憶が定かでないところもありましたが、子ども達も大勢いて、大きい子も小さい子も一緒になって野山や村中を駆け回って遊んでいた頃を思い出させてくれました。

　今、大人になって幼き頃を振り返ってみると、その頃一緒にいろいろな行事や遊びを経験してきた私達世代の人達は、今の子ども達には味わえない貴重な体験を宝物として心豊かに成長してきたのだと思わせてくれました。

お富さんのお話（YouTube)

春の始まり

すかな採り遊び

夏の草花遊び

紙芝居

ホオズキ遊び

杉っ葉拾い

だんごさし

だんごの粉ひき

駅での遊び

お次の番だよ

お店や友達の家に行くとき

菖蒲湯の話

3. 会津のわらべうたと遊び方

　最後に、会津のわらべうたの楽譜と遊び方を紹介します。

　YouTube「会津わらべうた」で、伝承者の皆さんに歌っていただいた動画を公開しています。動画を見ながら、伝承者から直接教えていただくような体験を大事にしていただければ幸いです。

YouTube：会津わらべうた

　資料として、楽譜も作成しましたが、日本のわらべうたは、本来、西洋音楽の楽譜では表現しにくいものです。楽譜の作成にあたっては、小泉文夫の『わらべうたの研究』などを参考に、以下の点に留意して作成しました。

①音の高さは、伝承者が歌っている高さではなく、比較しやすいよう、音高をそろえました。実際に歌う場合は、歌いやすい音の高さで歌ってください。

②フラット１つの調号で記譜しましたが、ヘ長調やニ短調という意味ではありません。日本の音階については諸説ありますが、隣り合った２音のわらべうたを階名で歌う場合は、レドがよいと考え、便宜上ヘ長調の読み方にそろえました。

③リズムは、付点８分音符と16分音符でひとまとまりになっているもの（♪♫）が多いです。しかし、その音価は、３連符で示した

方が近いですが、正確に３分割になっているわけではなく、曲によっても違うため、便宜上付点８分音符と16分音符で示しました。また、わらべうたはその時々で、遊びによってリズムも微妙に変わってきます。

④歌詞は、原則として表音式の平仮名とし、擬声音やかけ声はカタカナにしました。長音は、「―」で示しました。

⑤となえの歌は、リズムのみを示しましたが、言葉のイントネーションで音の高低はあります。YouTubeで伝承者の歌をよくお聴きくださるようお願いします。また、ご自身の地域のイントネーションによって歌い方も変わってくると思います。

⑥拍子は、基本的に２拍子にしましたが、西洋音楽のような強拍弱拍の２拍子ではありません。また、２拍子に表記しにくいと感じた歌は、言葉のくぎりで拍子を変えたり小節線をいれたりしています。

例)
曲名（フィールドワークした年・撮影月日・YouTubeのQRコード)

１．あめかってこ （2010年）

撮影：2020年３月１日

歌

説明

会津のわらべうた　曲名

1．あめかってこ （2010年）

撮影：2020年3月1日

歌 　　説明

　昔は、各家庭で布団の綿を替えていました。大人が、布団の綿替えをしている時に、そのそばで子ども達が真綿を少しもらい、薄くし、この歌を歌った後に息を吹きかけて飛ばして遊びました。

　今は、ティッシュを小さく裂いて手に持ち、振りながら歌を歌い、歌い終わったら、フーフー息を吹いて飛ばし、床に落ちないように遊びます。

あめかってこ

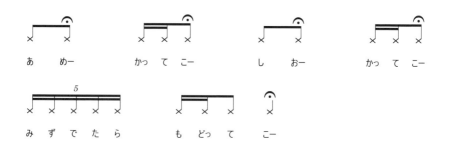

※となえうたのため楽譜はリズムのみにしましたが、
　言葉の抑揚はYouTubeをお聴きください。

2．いちでらっこちゃん （2012年）

撮影：2021年9月11日

歌

　まりつきの歌です。いろいろな技を競って遊びます。

いちでらっこちゃん

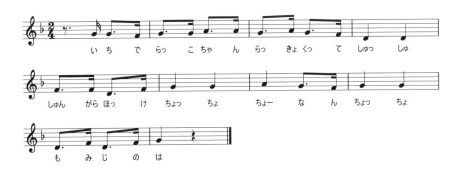

いち　で　らっ　こ　ちゃ　ん　らっ　きょ　くっ　て　しゅっ　しゅ

しゅん　がら　ほっ　け　ちょっ　ちょ　ちょー　なん　ちょっ　ちょ

も　み　じ　の　は

3. いろはにこんぺいとう （2005年）　撮影：2022年1月8日

歌

　手を繋いでまるくなり歌いながら右回りに両足で跳び、歌といっしょに止まります。足を動かさずに隣の人の手を押したりひっぱたりして遊び、足が動いた人が負けです。また、言葉遊びにもなっています。「いろはにこんぺいとう」→「こんぺいとうは甘い」→「甘いは砂糖」などと、どんどん歌いついでいきます。

いろはにこんぺいとう

　会津坂下町の子ども達が歌っているメロディーは以下の通りです。ゴム跳びで遊ぶ場合もあります。2本のゴムの両端を2人で持ち、歌いながら上下自由に動かし、歌の最後で止め、他の子ども達は、ゴムに触らないように、通り抜ける遊びです。

いろはにこんぺいとう

4. おてらのはなこさん　（2020年）

撮影：2022年1月5日

歌

おてらのはなこさん

せっ せっ せ の よい よい よい　おてらの はなこさんが

か ぼ ちゃ の たね を まきまし た

め が で て ふくらんで はながさいて

じゃん けん ぽん

　この歌は、全国版では、「お寺の和尚さん」として有名です。髙橋さんは、このように歌っていたそうです。お手合わせとジェスチャーを伴うじゃんけんの歌で、子ども達が世代を超えてどんどん作り替えています。会津では、次のページのような変遷が見られました。

・1965（昭和40）年頃
お寺の和尚さんがかぼちゃの種を蒔きました
芽が出てふくらんで　花が咲いてじゃんけんぽん

・1998（平成10）年頃
お寺の和尚さんがかぼちゃの種を蒔きました
芽が出てふくらんで　花が咲いて　かれちゃって
忍法使って空飛んで　ぐるっとまわってじゃんけんぽん

・2008（平成20）年頃
お寺の和尚さんがかぼちゃの種を蒔きました
芽が出てふくらんで　花が咲いて　かれちゃって
忍法使って空飛んで　東京タワーにぶつかって
ぐるっとまわってじゃんけんぽん

・2013（平成25）年頃
お寺の和尚さんがかぼちゃの種を蒔きました
芽が出てふくらんで　花が咲いて　かれちゃって
忍法使って空飛んで　スカイツリーにぶつかって
ぐるっとまわってじゃんけんぽん

このように同じ会津地域でも世代によってどんどん変化していま
す。世代によって変化してくることもわらべうたの特徴の一つです。

5. かいこさんかいこさん （2020年）　　撮影：2021年9月11日

歌 　　遊び

　神社などで、あり地獄をみつけると、人差し指で砂をかき出しながら、ウスバカゲロウの幼虫が出てくるのを見て遊びました。ウスバカゲロウの幼虫の呼び方は、県内でもさまざまあり、いわき地方では「えじっこ」と呼ばれ、わらべうたもあります。他の昆虫についてのわらべうたをさがしたり、即興で歌ったりすることも楽しいです。県内では、トンボ、キリギリス、ホタルなどのわらべうたがあります。

かいこさんかいこさん

6．からすからす （2001年）

撮影：歌１人 2020年３月28日

撮影：歌２人 2021年12月13日

歌２人 　　歌１人

　交互唱です。最後に「いだちのばっこつけろ」で両手で丸めたふりをして投げます。

　歌の中に出てくる天寧寺の湯は、会津若松市の東山温泉のことで、県内各地では近くの温泉名所を歌い込んでいるわらべうたもあります。

　また、会津美里町では、言葉はほぼ同じですが、となえうたではなくメロディをつけて歌っている方もいました。交互唱ではなく、斉唱でした。夕方、家に帰りながら、カラスを見つけるとカラスに向かって歌ったそうです。

　　　　　　※となえうたのため楽譜はリズムのみにしましたが、
　　　　　　　言葉の抑揚はYouTubeをお聴きください。

からすからす（2人）

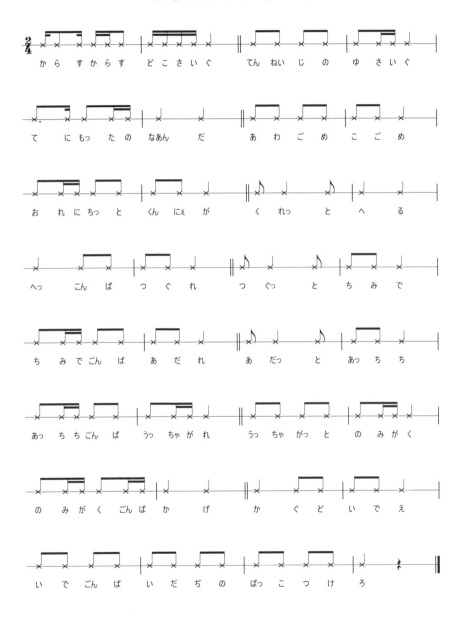

7. ぎっこばっこ （2021年）

歌

　オオバコの茎を二人で絡めて、この歌を唱えながら引き合って遊びます。切れた方が負けです。

　隣町の会津美里町では、遊び方は同じですが、「ぎーごーまいごー」と唱えていました。

　地域によって違うことを楽しみながら、創作していく楽しみもあります。他にも季節を感じながら、春の草花を使って遊びたくなる歌です。

ぎっこばっこ

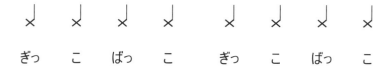

ぎっ　こ　ばっ　こ　ぎっ　こ　ばっ　こ

8. すずめさん　（2005年）

歌

　　まりつきの歌です。最後の「よ」で、足を回してまりをくぐします。同じメロディを繰り返しながら、どんどん難しい技に挑戦し、どこまで続けることができるか競って遊びます。

すずめさん

す　　ず　め　さん　　　お　　は　　　よ

9. だせだせ （2005年）

撮影：2020年 7 月23日

基本の歌 　　　即興でつくった長い歌

　「王様つぶし」のように、数人が横に並び、鬼が端から勝ち抜けしていき、次の王様になる遊びです。

　足じゃんけん遊びをして同じものを出したら負けです。同じものが出なかった時は、普通のじゃんけんの勝ち負けで勝った人が、次に歌います。相手に同じものを出させるために、即興で長く歌うこともあります。YouTubeに即興で長く歌うバージョンも載せました。二人で遊んだり、手でじゃんけんして遊ぶこともできます。

だせだせ

だせだせ　チョット　チョーット　パット　パーット　グット

10. だるまさんがころんだ　（2021年）　　撮影：2021年12月13日

歌

　　鬼が木や柱などに後ろ向きに立ちます。他の子ども達は遠くにいて、鬼の「だるまさんがころんだ」の唱えが聞こえる間だけ鬼の方に向かって進み、唱えが終わるとストップします。動いたことが鬼に見つかると、鬼につかまってしまいます。だれかが鬼にタッチするまで続けます。だれかが鬼にタッチすると全員逃げます。鬼が「ストップ」というと、全員とまります。「大また何歩？小また何歩？」と鬼が聞き、その歩数進み、近くにいた人が次の鬼になります。場所の広さによって、「始めの一歩」と言って、一歩進んでから始めることもあります。唱え方は、速さを変えたり、フェルマータをつけたりして工夫して遊ぶことができます。拍が一定でないからこその面白さがあります。

だるまさんがころんだ

11. 鳥追い：会津坂下町和泉 （2010年） 撮影：2021年9月11日

歌

　小正月（1月15日）の夜、田畑を鳥の被害から守ることを願って、子ども達が地域を歌いながら雪道を歩きました。終わると菓子やみかんなどをもらうことが楽しみの一つでした。

鳥追い（会津坂下町和泉）

12. 鳥追い:会津坂下町青木 （2010年）　撮影：2021年9月11日

歌

　小正月（1月15日）の夜、田畑を鳥の被害から守ることを願って、子ども達が雪ベラを叩きながら歌いました。

鳥追い（会津坂下町青木）

　11.と12.の鳥追いは、会津坂下町内の同じ行事の歌です。11.は雪道を歩きながら歌い、12.は雪ベラを叩きながら歌います。歌の速さがとても違うのは動きの違いからきているものと考えられます。

13. どれにしようかな （2021年）

撮影：2021年9月11日

歌

　物決めの時の歌です。全国にはさまざまな歌い方があります。YouTubeで髙橋さんの映像を見た後に、子ども達が歌っている歌い方と比べたり、友達同士で比べたり、家族に聞いてみたりする活動の中で、伝承文化の楽しさを味わったり、家族の交流が広がるきっかけにもなると思います。

どれにしようかな

14. なべなべそこぬけ　（2021年）

撮影：2021年12月13日

歌

　二人で手を繋ぎ、手をふりながら歌い、歌の最後に手の下をくぐり背中合わせになります。そのまま、また歌い、歌の最後にもとに戻ります。数人で大きな輪になって歌い、どこか一箇所の手の下をみんなでくぐる遊び方もあります。

なべなべそこぬけ

15. にらめっこ （2022年）

歌

　にらめっこの歌もいろいろなバージョンがあります。子ども達が知っている歌や、家族が知っている歌を集めて、違いを楽しみながら、遊ぶことができます。またにらめっこは、笑うと負けだけでなく、目をそらしたら負け、息を吸ったら負けなど、いろいろなルールもあります。集中力や観察力なども育てることができる遊びです。

にらめっこ

だ　るまさん　　だ　るまさん　　に　らめっ　こ　し　ましょ

わ　らた　ら　まけよ　　あっ　ぷっ　ぷ

16. ひとりふたりかんなべろ （2019年）　　撮影：2020年3月28日

歌

　　鬼決めをする時などに歌いました。「ばば」は、汚い物の意味ですが、言葉の意味がわからなくても、面白く歌える歌です。

ひとりふたりかんなべろ

17. ひらいたひらいた （2020年）

歌

　手を繋いで輪になり、輪を広げたり、輪を小さくしたりして歌います。自分たちの地域の歌い方を大事にしながら遊びたい歌です。最後のフレーズの長さも、地域や年代によってさまざまです。

ひらいたひらいた

18. ひらないっこ （2021年）

撮影：2021年9月11日

歌

　じゃんけん遊びです。「こぶしないっこ」と歌った時は、チョキかパーを出し、チョキを出した人の勝ちです。大勢で鬼を決める場合など、早く勝負を決めたい時にこの歌を使いました。

ひらないっこ

ひこ は　　らふさ　　ーしみ　　ないっ ないっ ないっ　　ここ こ

19. へえんなれ　ばあんなれ （2020年）　撮影：2020年3月28日

歌

　子どもがお腹が痛い時に、親や年長者がお腹をなでながら唱えます。この他、「痛いの痛いのとんでけ」などのとなえ言葉はたくさんあり、即興で言葉を変える場合もあります。

　子ども達が家族に、小さい時にどんな風にやってもらっていたかを教えてもらうことも大事だと思います。

へえんなれ　ばあんなれ

| へえん | なれ | ばあん | なれ | へえん | なれ | ばあん | なれ |

20. べろべろかべろ （2010年）

歌と遊び 　　　道具の作り方

　稲穂の先を少しぬらして結び、鉤（かぎ）の形にして、両手の平に挟んでくるくる回し、歌の最後に穂先が向いた人がおならをした人、として遊びました。遊びの始めの鬼決めなどに使うこともあります。最近では稲穂が身近にないため、曲がるストローを使ったり、給食のストローの袋を少し出して曲げたりして、工夫して遊ぶことができます。

べろべろかべろ

21. むこうのおやまに （2010年）

撮影：2020年3月28日

歌

　お手玉遊びの歌です。片手の手の平にお手玉を乗せて拍に合わせて上にあげながら歌い、最後のポンで、手の甲に乗せます。最後の「しらん」を「しらが」「しらたま」など「し」から始まる言葉に変え、「しらん」の時だけ手を裏返すというような遊びもあります。即興で替え歌にする力や、言葉をよく聴く集中力を身につけることができます。

むこうのおやまに

22. 虫送り:会津坂下町　(2010年)　　撮影：2020年7月23日

歌　　説明

動作　　　　　　　道具作り

　7月中旬、豊作を祈って、子ども達が行う行事です。七夕かざり
のような折紙などで作った飾りを束ねたわらに挿し、神輿のような
形にしました。短冊には、稲の虫、かぼちゃの虫、なすの虫、など
の農作物に付いて欲しくない虫の他、泣き虫、ゲーム虫など、自分
の追い出したい虫も書きます。地区の年長の子どもが飾りのついた
神輿を担ぎながら先頭を歩き、他の子ども達はその後ろに繋がって
歩きました。「稲の虫」の歌詞は、即興で替え歌にしました。最初
に先頭の子どもが歌い、後ろの小さい子ども達が復唱しました。

虫送り（会津坂下町）

いねのむしーおくれよ

23. 虫送り:会津美里町高田下町　（2009年）撮影：2020年3月28日

歌

　毎年7月19日頃、デコ様という麦わら人形を一人1つ作り、自分の追い出したい虫などを習字で書きました。その人形に、田畑の虫も新聞紙にくるんで持たせ、それを持って地区を歩き、豊作を祈りました。歌詞は、即興でいろいろ変えていきました。昔はこの行事が終わると、川遊びが解禁になりました。

虫送り（会津美里町高田下町）

い　ね　の　む　し　お　く　れ　よ　ホー

　22.と23.の虫送りは、同じ行事であるにも関わらず、隣町で歌も持ち物も全く違っています。この他、あじさいを飾る地域や、タチアオイの花を持って田畑のあぜ道を走る地域などもあります。

　それぞれの地域に住む子ども達にとって、歌も道具も全く違いますが、豊作を祈る気持ちは共通していることを音楽とともに学べます。

24. もぐらもぢ (2012年)

歌　　　　　　　　　　説明

動作　　　菖蒲湯のお話

　5月になると、家の周りにもぐらや蛇が出ないようにと、菖蒲やヨモギを棒に巻き付けて地面を叩きながら歌います。雨期を迎える頃になると、厄除けのために、屋根の軒下にヨモギを挿したり、菖蒲湯に入ったりする風習があります。

もぐらもぢ

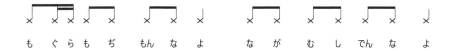

も　ぐらも　ぢ　もん　な　よ　　な　が　む　し　でん　な　よ

　　　　※となえうたのため楽譜はリズムのみにしましたが、
　　　　言葉の抑揚はYouTubeをお聴きください。

25. もぢのうた　（2010年）

歌

　数え歌です。冬になって餅の季節になると歌いました。この歌も、いろいろなバージョンがあるので、語呂合わせを楽しむことができます。

もぢのうた

ひ	と	つ	ひ	ば	し	で	や	い	た	も	ぢ
ふ	た	っ	つ	ふ	く	し	ふ	く	ふ	ぐ	な	れ	も	ぢ
み	っ	つ	み	ご	ん	ふ	ど	れ	た	き	な	ご	も	ぢ
よ	っ	つ	よ	ご	ん	れ	きょ	の	あ	ず	き	れ	も	ぢ
い	つ	つ	い	ん	すん	きょ	め	の	か	ぶ	や	れ	も	ぢ
む	っ	つ	む	すん	な	の	み	なっ	げ	も	ぢ
な	な	つ	な	すん	ま	な	が	ん	た	ごん	と	も	ぢ
や	っ	つ	や	ま	ら	の	ご	っ	ぼ	も	ぢ
こ	この	つ	こ	め	ら	の	だ	っ	しぇ	も	ぢ

と	お	は	とっ	つぁ	ま	の	げ	ん	こ	も	ぢ

歌詞の意味：隠居のかぶれもぢ（年寄りが大事にしまいすぎてかびた餅）

　　　　　　娘の土産もぢ（里帰りした娘に持たせた餅）

　　　　　　こめらのだっしぇもぢ（子ども達が菓子などを出し合って楽しみ会をした）

26. よーい　はじめのだんごっこ　（2010年）撮影：2020年3月1日

歌

　遊びを始める時の歌です。特に陣取りなど、2つのチームに分か
れて遊ぶ時に威勢良く歌って盛り上げます。

よーい　はじめのだんごっこ

27. 若水くみ （2015年）

歌  説明

　元日の朝、清水から水を汲む時の歌です。その水でお茶を沸かし、一年の幸せを祈りました。水を汲むのは子ども達の役目でした。

　隣町の会津美里町では、歌い方は同じですが、歌詞が違っています。「せんーくめ　まんーくめ　こがねのひしゃくで　たからーくめ」

　この歌は、学習指導要領「第3指導計画の作成と内容の取扱い」で示されている「拍節的でないリズム」の学習にも適しています。

若水くみ

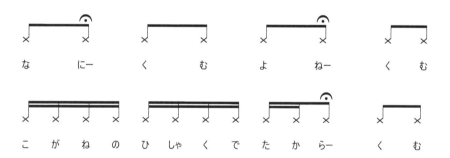

※となえうたのため楽譜はリズムのみにしましたが、
　言葉の抑揚はYouTubeをお聴きください。

おわりに

　私は、大学生の時にコダーイ・アプローチによる「わらべうたから始める音楽教育」に出合いました。その後、小学校の教員となり、たくさんの子ども達や保育士の皆さんとも出会い、わらべうたでの実践を重ねてきました。コロナ禍では、オンラインでわらべうたの会を毎月行って全国の皆さんとも交流してきました。最初の頃は、音楽の教材としてわらべうたを捉えてきましたが、子ども達との実践を重ねるうちに、わらべうたそのものの体験をもっと大事にしたいと思うようになりました。この本は、40年間に出会った子ども達と友人達のお陰でできました。そして、なにより降矢美彌子先生が音楽監督であった福島コダーイ合唱団での学びが一番のベースとなっています。

　また、この本は定年を迎える年に大学院に入学して書いた修士論文の一部が基になっています。大学院で学ぶように示唆してくださったのも降矢先生でした。降矢先生に心から感謝申し上げます。さらに、コロナ禍の中、2年間修論のご指導並びに、本にするようご助言くださった明星大学大学院の板野和彦先生、わらべうたや福島県の民俗芸能について教えてくださった懸田弘訓先生にお礼申し上げます。

　そして、このようにたくさんのわらべうたを教えてくださり、動画を撮らせてくださった髙橋富子さん、本当にありがとうございました。何十年前の歌でも、思い出すと見事に一回でパッと歌ってく

ださいました。高橋さんがたくさんYouTubeに出てくださったお陰で、他の伝承者のみなさんも快く動画を撮らせてくださいました。ありがとうございました。

　また、フィールドワークや資料作成の際にもたくさんの方々にお世話になり感謝申し上げます。

　わらべうたは、手から手へ、ふれあいとともに伝承されてきました。この本が、わらべうた本来の伝承の形へかえっていくことのきっかけになれたら幸せです。

　おわりに、本書の出版にあたり歴史春秋社の阿部隆一社長、植村圭子出版部長、何度も丁寧に編集・校正などをお力添えくださった村岡あすか氏に心から感謝申し上げます。

目黒　稚子

参考文献

『会津民謡特選集』懸田弘訓　会津民謡特選集発刊実行委員会　2009年

『遊びと合唱・幼児から小学生へ　わらべうたによる音楽教育』本間雅夫・鈴木敏朗　自由現代社　1998年

『歌をなくした日本人』小島美子　音楽之友社　1991年

『音楽大事典』下中弘編集・小島美子　平凡社　1991年

『音楽の骸骨のはなし　日本民謡と12音音楽の理論』柴田南雄　音楽之友社　1978年

『コダーイ・システムとは何か』フォライ・カタリン/セーニ・エルジェーベト著・羽仁協子・谷本一之・中川弘一郎訳　全音楽譜出版社　1975年

『コダーイ・ゾルターンの教育思想と実践』コダーイ・ゾルターン著、中川弘一郎編・訳　全音楽譜出版社　1980年

『コダーイ・ゾルターン　生涯と作品』ラースロー・エウセ著、谷本一之訳　全音楽譜出版社　1974年

『子どもの遊びとうた－わらべうたは生きている』小泉文夫　草思社　1986年

『子どもの心に灯をともす　わらべうた』落合美知子　エイデル研究所　2010年

『こども風土記・母の手毬歌』柳田国男　岩波書店　1976年

『知ってる？会津美里の歴史』福島県河沼郡会津美里町教育委員会　2018年

『小学校学習指導要領（平成29年告示）』文部科学省　2017年

『新講　わらべ唄風土記』浅野建二　柳原書店　1988年

『精選　日本民俗事典』岩井正浩　吉川弘文館　2006年

『地球音楽の喜びをあなたへ－未来の地球市民となる子どもたちのための

　多文化音楽教育－』降矢美彌子　現代図書　2009年

『日本傳統音楽の研究1』小泉文夫　音楽之友社　1958年

『福島のわらべ歌　日本わらべ歌全集４下』懸田弘訓　柳原書店　1991年

『邦楽百科事典』赤羽由規子　音楽之友社　1989年

『わらべうた研究ノート』本城屋勝　無明舎　1982年

『わらべうたの研究』小泉文夫　稲葉印刷所　1969年

著者略歴

目黒　稚子　（めぐろ　まさこ）

1960年　福島県福島市出身　会津坂下町在住

40年間公立小学校教諭をしながら、音楽教育について研鑽を積む。多文化音楽教育の他、わらべうたから始める音楽教育を実践しながら、わらべうたを広める活動を続ける。教育学修士。

「わらべうた　かたくりの会」主催。

所属団体

「福島コダーイ合唱団」「日本音楽教育学会」

「NPO法人民俗芸能を継承するふくしまの会」

「国際コダーイ協会」「日本コダーイ協会」

「音楽教育メソード・教育学研究会」

meguro_maszako@yahoo.co.jp

WARABEUTAKATAKURI

髙橋　富子　（たかはし　とみこ）

1945年　福島県会津坂下町生まれ

36年間、会津地域の公立小学校の教員を経て、わらべうた講師や地域の昔話の語り部として、子ども達に地域のよさを伝え続けている。

「わらべうた　かたくりの会」会員

「坂下かたりべの会」会員

「坂下うたごえサロン」スタッフ

「福島コダーイ合唱団」元団員

会津のわらべうた　－わらべうたを子ども達へ－

令和6年（2024）6月14日発行

著　者　目黒　稚子・髙橋　富子

発行者　阿部　隆一

発　行　歴史春秋出版株式会社

　　　　〒965-0842　福島県会津若松市門田町大道東8-1

　　　　TEL.0242-26-6567

印　刷　北日本印刷株式会社